DESCRIPTION

DE

L'ÉGLISE MÉTROPOLITAINE

d'Arles.

DESCRIPTION

DE

L'ÉGLISE MÉTROPOLITAINE

D'ARLES,

PAR

J.-J. ESTRANGIN,

Avocat.

MARSEILLE,
Imprimerie de Marius OLIVE, rue Paradis, n° 47.

1835.

DESCRIPTION

DE

L'ÉGLISE MÉTROPOLITAINE

D'ARLES.

Au moyen âge la cathédrale était un symbole; elle retraçait dans son architecture et dans ses sculptures les dogmes, les mystères, les histoires de l'Ancien et du Nouveau Testament; elle représentait tout le système chrétien.

Une haute pensée religieuse, plus élevée que celle des peintres et des sculpteurs, idéalisait les conceptions de l'architecte; son œuvre, toute d'inspiration et de foi, devenait, sous la direction immédiate des évêques, l'emblème visible du christianisme.

La passion divine étant à cette époque le principe de la littérature et des arts, la cathédrale devait être la représentation, dans ses formes architecturales, du sacrifice de la croix.

« L'édifice tout entier, dit M. Michelet en résumant les écrivains ecclésiastiques, l'édifice tout entier, dans l'austérité de sa géométrie architecturale, est un corps vivant, un homme : la nef étendant ses deux bras c'est l'homme sur la croix, car la croix c'est la couche du Christ; la crypte, l'église souterraine, c'est l'homme au tombeau; la tour, la flèche, c'est encore lui, mais debout et montant au ciel; dans ce chœur incliné par rapport à la nef, sa tête est penchée dans l'agonie et posée sur les genoux de sa mère, dont la chapelle, à dater du 11e siècle, fut en général placée derrière le chœur. »

Toutefois ce n'est que successivement et par degrés que cette architecture symbolique des églises chrétiennes s'est développée, et qu'on a adopté la disposition crucificale, le sanctuaire dirigé vers l'Orient, la nef et les collatéraux.

La métropole d'Arles réunit tous ces caractères : pour la décrire la plume est insuffisante, elle ne peut peindre aux yeux, elle donne à peine la froide dissection du monument.

Celui-ci a la forme d'une croix ; sa longueur est de 78 à 80 mètres ; sa largeur varie de 28 à 30 ; sa hauteur est de 20; le clocher en a 42 avec toutes ses dépendances ; non compris le préau du cloître, cette métropole occupe une surface de 2,400 mètres carrés.

Les piliers qui séparent les trois nefs, nus et quadrilatères depuis l'entrée jusqu'au maître-autel, deviennent gothiques et prennent la forme rhomboïdale dans le reste de son étendue.

Les chapelles qui rayonnent autour des nefs latérales présentent les mêmes différences d'architecture : du côté de l'évangile elles sont en ogive, et à plein cintre du côté opposé.

Ces constructions sont évidemment de siècles divers et doivent faire de cette cathédrale un objet d'étude pour les hommes de l'art.

Un clocher de forme quadrangulaire domine tout l'édifice; il est surmonté d'une croix placée à 42 mètres au dessus du sol de la place Royale, avenue du monument, auquel on montait jadis par de larges et beaux degrés de marbre, qu'on a eu le tort de remplacer par des degrés de pierre commune, d'un accès, il est vrai, plus facile.

L'exactitude de ces chiffres est garantie par des opérations mathématiques faites le 20 avril 1833 par feu M. Nalis, ingénieur civil de la ville d'Arles.

Cette église est contiguë et réunie aux restes du palais archiépiscopal. On regrette de ne pouvoir lire une longue inscription fruste dont on ne voit plus que les vestiges sur l'une des voûtes de ce palais; cette inscription, sans doute, aurait donné quelques éclaircissemens sur l'époque de la construction primitive de ce temple chrétien, époque qu'il est impossible de préciser. Les annales d'Arles laissent des incertitudes; les maîtres de l'art sont réduits à des conjectures.

La métropole fut d'abord dédiée à saint Étienne, premier martyr, et plus tard, en 1152, à saint Trophime, natif d'Ephèse, en Ionie, disciple de saint Paul; Trophime, que la tradition de l'église désigne comme ayant prêché l'évangile dans Arles dès le premier siècle (1).

L'apostolat de Trophime dans les Gaules et la fondation de l'église d'Arles, née de ses prédications, offrent toute la certitude que peut donner l'histoire; le pape Zozime, en le reconnaissant et en proclamant par ce motif la primatie de l'église d'Arles, dans sa première épître aux évêques des Gaules de l'an 417, n'a fait que se conformer à une tradition de l'église universellement reconnue, même par les historiens profanes; tradition que ne doit pas ébranler une phrase échappée à la plume de Grégoire de Tours, historien d'ailleurs si recommandable eu égard à

---

(1) On peut consulter sur cette tradition l'*Histoire de l'Église Gallicane*, par Longueval, préface du tom. Ier; la *Chorographie de Provence*, par Honoré Bouche, tom. Ier, pag. 311, 313; l'*Histoire Ecclésiastique*, de Fleury, tom. Ier, pag. 159, tom. V, pag. 49, édit. in-4° de 1750; Baronius, Pagi, le *Gallia Christiana*, etc., etc.

l'époque d'ignorance où il écrivait; car, ainsi que l'avoue son biographe en reconnaissant qu'il a commis de nombreuses erreurs : *Un homme, quelque distingué qu'il soit, ne peut triompher de son siècle : l'outil a manqué à l'ouvrier.*

Jean-Marie Dulau, le véritable évêque de l'évangile, le père du peuple d'Arles, premier martyr le 2 septembre 1792, à Paris, au couvent des Carmes de la rue Vaugirard, appelait, dans une lettre du 17 novembre 1792 adressée à tous les curés de son diocèse, l'église d'Arles *mère et fondatrice des autres églises.*

Voici, ce nous semble, comment cette cathédrale antique s'est successivement formée et allongée.

Elle dut être bâtie, d'abord, sur le plan des primitives églises romaines, qui ne furent long-temps qu'une dérivation matériellement démontrée des basiliques et des thermes de l'ancienne Rome.

La forme de ces basiliques était, dans l'antiquité, celle d'un parallélogramme avec un portique à chacune de ses extrémités.

Elles se terminaient par un hémicycle séparé du reste de l'édifice par une balustrade ou par des colonnes : là était le siége des magistrats.

Les chrétiens adoptèrent naturellement cette forme pour la construction de leurs premières églises.

L'évêque s'assit au centre de l'hémicycle à la place du juge.

La table de sacrifice, ou l'autel, fut placée entre l'évêque et le peuple, distribution des églises primitives qu'a retracée le sculpteur sur un des chapiteaux du cloître de Saint-Trophime, et qui de nos jours encore subsiste à Arles dans l'église antique de Notre-Dame-de-la-Major.

Il n'y eut d'abord qu'un autel dans chaque église; il était sans ornement. Les tombeaux des martyrs servaient au sacrifice.

Alors les autels étaient construits comme une simple table, sans autres décorations que des croix gravées sur le marbre même. Cette table, placée en avant du siége de l'évêque et de ses acolytes, entre le peuple et les pontifes, rappelait l'institution de l'eucharistie et servait à poser les vases, les offrandes et surtout les espèces eucharistiques, d'un volume considérable dans la primitive église, puisque toute l'assemblée chrétienne devait participer à la cène et sous les deux espèces du pain et du vin.

Pour prévenir les accidens et la chute des espèces consacrées, la partie supérieure des autels était environnée d'un contour élevé de quelques pouces qui y retenait les pains et les vases eucharistiques, et, en cas d'accident, en aurait empêché la chute sur le pavé et la profanation.

Telle est la disposition du marbre antique qui forme la table du maître-autel de Saint-Trophime, en dégageant cette table des ornemens modernes. Cet autel était très anciennement, et jusques à l'agrandissement du chœur par le cardinal Allemand, placé au fond du sanctuaire (Duport, pag. 302).

On attribue à ce cardinal, archevêque d'Arles de 1421 à 1450, les constructions qui ont formé le chœur actuel, les collatéraux et les chapelles qui l'environnent; dispositions qui ont changé notablement l'édifice primitif, en remplaçant par ce chœur l'hémicycle de la basilique romaine.

Sur la voûte de la sacristie est gravé le chiffre 1655. Ce chiffre, que l'on retrouve aussi sur la voûte du grand grenier de l'ancien chapitre, indique des constructions faites sous MM. de Grignan oncle et neveu, deux archevêques du même nom qui ont occupé le siége d'Arles depuis 1643 jusques à 1697.

Ces dernières localités faisaient partie du monastère des chanoines, qui ne furent sécularisés qu'en 1484. On présume que leur réfectoire était sur l'emplacement de la sacristie, et leurs cellules sur celui des greniers.

Le chiffre 1655, gravé sur les clefs des voûtes, fixe l'époque précise où ces localités changèrent de destination. Dans la chapelle actuelle de Saint-Genest, MM. de Grignan, auteurs de ce changement et fondateurs de cette chapelle, choisirent leur tombeau où l'on voit encore leurs armoiries et leur épitaphe.

D'autres constructions sont dues à François de Mailly, leur successeur immédiat en 1697, le même qui posa en 1703 la première pierre des nouveaux bâtimens du beau monastère de bénédictins à Montmajor, le même qui en 1709 fit fondre les châsses d'argent pour distribuer des secours aux pauvres. On attribue aussi quelques travaux à M. de Janson, qui le remplaça sur le siége d'Arles en 1711, lorsque M. de Mailly fut sacré archevêque de Reims.

En 1767, M. de Grille, prévôt de l'église d'Arles, fit construire la chapelle de la Vierge, fermer la petite porte de l'église qui conduisait à la rue de la Miséricorde, où le portail extérieur subsiste encore avec les armes du chapitre. Cette porte introduisait dans ce qui est aujourd'hui la chapelle du *Cœur-de-Jésus*, qui renferme deux tombes remarquables éveillant, comme les dalles funéraires du chœur, des souvenirs historiques.

La première a reçu momentanément les dépouilles mortelles du chevalier de Lorraine, tué au siége des Baux : la pierre qui en ferme l'entrée porte le chiffre 1604 et ces mots :

Semper erat meritis impar, data gloria sæcli,
Cœlestem meritò contulit ergò Deus.

L'autre dalle porte la date de 1566 et cette inscription : *Hìc jacet Franciscus de Rodulphis.*

D'autres modifications, d'autres embellissemens, doivent avoir eu lieu avec le progrès du temps ; mais ces constructions particulières, ces embellissemens, ne paraissent pas avoir influé notablement sur l'ensemble de l'édifice primitif ; dès lors il n'entre pas dans notre plan d'en parler.

Les orgues ont été construites en 1503, pendant l'épiscopat de Jean de Ferrier, né à Tarragone en Espagne, célèbre par diverses légations, et à qui Louis XII donna la permission d'ajouter à ses armes une fleur-de-lis d'or. En construisant les orgues, on a mutilé une inscription très ancienne, difficile à lire et encore plus difficile à expliquer. On l'attribue à saint Virgile, archevêque du septième siècle. Duport, dans l'*Histoire de l'église d'Arles*, transcrit les trois vers latins qui forment cette inscription aujourd'hui incomplète, et dit que le sens de ces trois vers est que *la foi que saint Trophime a prêchée à Arles et dans les Gaules durera autant que le mystique Joseph, qui n'est autre que Jésus-Christ.*

Les tableaux sont rares dans cette basilique, et ceux qu'elle possède, tels que l'*Assomption de la Vierge* par Sauvan, et quelques autres, n'ont rien de remarquable. On y a transporté quelques marbres : de nombreuses inscriptions latines indiquent la sépulture des archevêques, des dignitaires du chapitre, des chanoines, des bienfaiteurs.

On montre spécialement aux voyageurs :

1° Une *Descente de croix* des premiers âges de la peinture, remarquable par le costume, qui est celui des Espagnols au 16e siècle : Nicodême est en fraise, et les saintes femmes ressemblent à des dames de la cour de Charles-Quint.

2° Les tableaux et les marbres qui décorent la chapelle de la Vierge, construite en 1767 par les soins de M. de Grille, alors prévôt de l'église d'Arles.

Le tombeau des prévôts est au passage ; 1767 est la date inscrite sur le marbre tumulaire.

La statue de la Vierge, en marbre blanc, de grandeur naturelle, œuvre de Léonard Mirano, sculpteur de Gênes, arrivée à Arles en 1618, bénie en 1619 par l'archevêque Gaspard du Laurens.

3° La *Lapidation de saint Etienne*, 1er martyr, et l'*Adoration des mages*, deux grandes toiles peintes par Finsonius pendant le même épiscopat.

Ce dernier tableau est dans la *chapelle des rois*, en face du mausolée de l'archevêque Gaspard du Laurens, décédé le 2 juillet 1630, et dont on assure que le *roi mage* qui regarde le spectateur est le portrait.

Les sculptures de ce mausolée, dressé en 1677, sont l'ouvrage d'un artiste d'Arles, Dedieu ; elles représentent la *Charité* sous les traits d'une femme voilée allaitant deux enfans ; des anges soutiennent l'écusson du prélat. Ces sculptures ont été mutilées en 1793.

4° Un plus grand travail de sculpture, également en pierre de ces contrées, occupe le fond de la *chapelle du saint-sépulcre,* contiguë à celle de la Vierge.

C'est un *Christ mis au tombeau.* Le groupe est composé de dix personnages, la plupart revêtus de l'habit des religieux de Saint-Dominique, dont l'église, aujourd'hui détruite, possédait, avant 1789, cette vaste composition. On voit que les sculpteurs ne se sont pas astreints à l'exactitude historique des costumes, sévèrement observée depuis par les élèves de David.

Le cardinal de Croze, archevêque d'Arles en 1381, avait fait construire cette chapelle sous l'invocation de saint Martial, son patron. On y voit encore le mausolée qu'il s'était fait préparer, et que plus tard Philippe de Levis, cardinal et archevêque d'Arles de 1456 à 1476, s'était destiné ; mais l'un étant mort à Avignon et l'autre à Rome, ce tombeau n'a rien reçu ; aussi les écussons sont vides d'armoiries.

En face est le tombeau de Robert de Montcalm, de Saint-Veran, mort en 1685, à l'âge de 43 ans, victime d'une fièvre contagieuse. Le mausolée avait autrefois cette devise : *L'innocence est ma forteresse.* Une inscription touchante exprime la douleur de Blanche de Châteauneuf, sa veuve inconsolable :

D. O. M. ET AMORI CONJUGALI SACRUM.

Mortuus est aliis, at mihi vivit adhuc.

L'anthologie grecque a-t-elle dans ses épitaphes autant de profonde sensibilité !

Le devant d'autel est formé avec le marbre du *tombeau chrétien* de Geminus, administrateur des sept provinces, décédé à l'âge de 38 ans 2 mois, et à qui ses concitoyens, suivant l'inscription latine, ont donné cette preuve de regrets. Millin et Saxy ont fait graver ce précieux sarcophage. Jésus-Christ est au centre, entre les apôtres saint Pierre et saint Paul, dont l'un porte une croix bouclée.

Au dessus de Jésus-Christ est son monogramme d'une forme particulière et extrêmement rare : c'est seulement un P traversé par une croix bouclée, forme que l'on a trouvée aussi sur un sarcophage de l'église de Saint-Aquilée à Milan, qu'on croit être celui de *Galla Placidia.*

L'épitaphe a été sciée il y a long-temps, on ignore par quel motif; heureusement elle a été imprimée par Seguin en 1787, pag. 33; par Saxy, pag. 161. Elle commençait par ces mots : *Vir agrippinensis nomine Geminus hìc jacet*, etc. Avant 1789 ce bas-relief était incrusté dans l'église des Minimes, devant le maître-autel, en pierre commune et sans ornement, de la chapelle dédiée à saint Trophime.

5° La chaire pontificale où l'on monte pour lire l'évangile, faite en 1781 en marbres choisis et mélangés, par M. Emmanuel Carvalho, sculpteur de Lisbonne. On assure qu'elle est presque en entier composée de marbres et de brèches antiques tirées du théâtre. Les sculptures symbolisent les évangélistes. La chaire gothique de simple pierre qu'elle a remplacée portait le chiffre 1460.

6° Une grande fresque peinte en 1768 par Visconti de Milan, représentant *saint Trophime* prêchant l'évangile dans l'amphithéâtre et abolissant dans Arles le culte des idoles païennes ainsi que les sacrifices humains. Le peintre a représenté la statue de *Diane*, à laquelle on rapporte ce culte barbare, et des mères en émoi préoccupées de soustraire leurs enfans aux sacrificateurs, dont la présence et la parole du saint évêque vont paralyser l'action.

A l'entrée de l'eglise on remarque, au côté de l'évangile, un tombeau gothique qui sert de cuve baptismale. Ce tombeau est surmonté de deux colonnes antiques d'ordre corinthien de basalte noir, qui n'est qu'une lave refroidie. Les colonnes sont fort belles sans doute, mais peu convenablement placées; la composition dans son ensemble manque de goût.

Ces deux colonnes sont le reste d'un plus grand nombre qui ornaient le temple de quelque idole païenne, et qu'on avait découvertes près du presbytère de la Major. En 1565, le conseil municipal d'Arles, par une indifférence pour les arts qu'on ne saurait trop déplorer, donna à la reine Catherine de Médicis, régente pendant la minorité de Charles IX, huit colonnes semblables, des sarcophages de porphyre, et d'autres antiquités, qui périrent dans le Rhône, près de Vienne, et qui y sont encore. (*Millin*, III, 504.)

Au côté de l'épître est le mausolée de Jean Ferrier VIII, natif de Tarragone, archevêque d'Arles, décédé en 1521, et de Jean Ferrier IX, son neveu et son successeur, décédé en 1550.

Près du mausolée, une porte introduit dans le palais de l'archevêché, qui, à l'exception de quelques appartemens, tombe en ruines.

Une statue colossale de *saint Christophe* portant Jésus enfant est adossée au premier pilier; la matière et le travail n'ont rien de précieux. Elle a été érigée en 1677 aux dépens du chanoine Christophe de Pilliet.

La sacristie est vide des richesses en argent, en or, en pierreries, en manuscrits qu'elle possédait autrefois; la *sainte arche* en vermeil, ornée à l'extérieur de pierreries et renfermant à l'intérieur les reliques de plusieurs saints et martyrs, a été fondue en 1793. On voit encore toutefois dans cette sacristie un modeste reliquaire en cristal renfermant une parcelle de la véritable croix, le portrait en pied du bienheureux cardinal *Allemand* et le pallium de *Jean-Marie Dulau.*

Avant 1789, on conservait dans les archives de l'archevêché les originaux des divers conciles tenus à Arles; on y distinguait les seings et les cachets des prélats qui y assistèrent. On y possédait aussi des manuscrits considérables, et notamment celui nommé la *Bulle-d'Or.* De ces manuscrits précieux pour l'histoire civile et ecclésiastique, Arles n'en possède plus un seul; tout a été transporté aux archives du chef-lieu du département, conséquence naturelle d'un système de centralisation qui a anéanti les communes.

A droite de la sacristie on monte, par un escalier de vingt-cinq marches, au cloître et dans les bâtimens qui formaient, dans l'origine et avant la sécularisation, le couvent des chanoines réguliers. Ce cloître fixe l'attention des voyageurs instruits et des artistes; il exige, ainsi que le portail et les substructions, un examen spécial.

LE CLOITRE.

Ce cloître, nous l'avons dit, est un véritable musée gothique; son analogie avec le portail est incontestable, puisqu'on retrouve dans les ornemens des chapiteaux, des colonnettes et des entre-colonnemens du cloître, comme dans les sculptures du portail, les histoires de l'Ancien et du Nouveau Testament, ainsi que les statues des évêques ou des saints protecteurs de l'église d'Arles.

Dans l'origine, le régime claustral modifié était appliqué aux prêtres et aux clercs attachés spécialement au service des cathédrales.

Le cloître de Saint-Trophime était celui du couvent des chanoines réguliers de Saint-Augustin, dont la règle avait été adoptée par le chapitre d'Arles en 1183, sur la proposition de l'archevêque Pierre Aynard, qui lui-même prit la robe blanche. Ces chanoines ne furent sécularisés qu'en 1489, par une bulle du pape Innocent XIII, pendant que le siége d'Arles était occupé par Nicolas Cibo, de Gênes, neveu de ce souverain pontife.

Les inscriptions tumulaires incrustées dans le mur claustral sont antérieures à cette sécularisation; leurs dates sont de 1181, 1183, 1212 et 1241, et relatives à des chanoines *réguliers*, dignitaires du chapitre, inhumés sans doute dans le *préau* carré qu'entourent les quatre galeries du cloître, suivant la distribution particulière à ces édifices. On cite ordinairement, à ce sujet, le préau du cloître de la cathédrale de Pise, de quatre cent cinquante pieds de longueur, tout de terre apportée de Jérusalem et prise au mont Calvaire par l'archevêque Ubaldo Lanfranchi, compagnon d'armes de Richard Cœur-de-Lion.

Les épitaphes du cloître d'Arles n'ont aucune importance parce qu'elles ne se rapportent pas à des noms historiques, mais à des ecclésiastiques inconnus. Une seule observation est nécessaire : il faut savoir que Guillaume Boson, prêtre chanoine régulier et prévôt de Saint-Trophime, auquel se rapporte l'épitaphe de 1181, n'est pas un descendant de Boson, premier roi d'Arles, encore moins le roi Boson lui-même, et que la confusion que se permettent à cet égard les *ciceroni* est une ignorance vaniteuse et dont les étrangers doivent sourire.

Le cloître de Saint-Trophime est d'architecture gothique, composé de cinquante arcades divisées en quatre galeries, mais construites à des époques diverses, puisque le style en est différent. Les douze arcades de la galerie du midi, ainsi que les quatorze arcades de la galerie du couchant et les voûtes correspondantes, sont en ogive, tandis que les douze arcades de la galerie du levant sont en plein cintre, ainsi que les voûtes correspondantes. Au centre des galeries, le préau carré a dix-sept mètres du midi au nord, et dix-neuf mètres du levant au couchant.

En dehors du cloître est une cour, qu'il faut traverser pour y parvenir de la voie publique : le portail qui y conduit est surmonté, du côté de la cour, des armoiries du chapitre, un *aigle impérial*. La Bulle-d'Or, conservée avant 1789 dans les archives du chapitre, assurait aux métropolitains d'Arles de grands priviléges, émanés des empereurs d'Allemagne, qui les avaient déclarés princes du Saint-Empire, avec une souveraine juridiction et une couronne ducale sur leurs armes. Les chapiteaux sont ornés de figurines; les colonnes ont disparu.

A l'autre extrémité de la cour, un portail à plein cintre ouvre sur ce qui est aujourd'hui la voie publique, mais qui faisait partie du couvent avant la sécularisation des chanoines. Dans l'architecture de ce portail les artistes reconnaissent les traces de ce goût romain-byzantin que la prise de Constantinople en 1454 avait fait refluer sur l'Occident, et qui avait par degrés envahi d'abord l'Italie dès la seconde moitié du 15e siècle, bientôt après nos contrées, placées en tout sens sous l'influence romaine; renaissance des arts et de l'architecture qui cependant n'a jamais pu égaler en majesté religieuse les belles cathédrales du nord, et dont diverses parties de l'édifice de Saint-Trophime ont conservé les traces plus ou moins affaiblies.

Au reste, cette partie des localités a subi, depuis la sécularisation des chanoines en 1489, des changemens qui ont dénaturé la disposition primitive des lieux. L'enceinte de leur couvent s'étendait, avant cette sécularisation, dans ce qu'on nomme aujourd'hui *la rue des Prêtres*, depuis le portail de la place de *l'Obélisque* jusques au grand arc à l'extrémité opposée de la même rue. Les maisons qui la bordent occupent l'emplacement du couvent, dont les restes d'architecture frappent encore les regards dans les maisons n. 4 et 5, possédées par M. Henri Yvaren et par Mme. Grange. Les étrangers s'étonnent de voir dans ces habitations des restes mutilés d'architecture du moyen âge qui font disparate avec les constructions modernes; leur étonnement cessera en leur apprenant que ces localités dépendaient, dans l'origine, des vastes bâtimens d'habitation des chanoines réguliers de Saint-Trophime, sécularisés en 1489.

Leur salle capitulaire subsiste encore, on y parvient en traversant le cloître ; mais leur réfectoire et les autres dépendances de leur habitation, ayant, depuis leur sécularisation, changé de destination, constituaient avant 1789 des greniers où le chapitre enfermait ses récoltes en céréales.

L'architecture de ce cloître est en général gothique. Les colonnettes et leurs chapiteaux sont de marbre blanc ; les unes rondes, du plus beau marbre, paraissent avoir été enlevées du théâtre antique ; les autres octogones, d'un marbre inférieur, peuvent avoir été prises sur un autre monument ou taillées plus tard. Les marbres sont de différentes espèces ; une seule colonnette est en cypolin, quelques-unes sont en *brèche*, agrégat pierreux formé de fragmens qui ont une origine commune avec la pierre qui les unit. A l'exception des feuilles d'acanthe qui appartiennent aux plus beaux temps de l'art antique, les sculptures sont en général médiocres, quelques-unes même mutilées ; on peut y étudier l'art au berceau et encore enveloppé de ses langes.

Malgré les dégradations et les mutilations qui remontent à 1793, époque où cette belle basilique était sans culte et sans pasteur, on reconnait facilement les sujets du plus grand nombre des sculptures, en général tirés de la Bible. Le cloître de Saint-Trophime est une nouvelle preuve qu'au moyen âge les peintres et les sculpteurs prenaient les sujets, pour l'architecture et la décoration des églises, dans l'histoire sainte et dans l'histoire ecclésiastique.

A gauche, en partant de l'entrée principale, côté de la cour extérieure, on remarque un autel à trois niches, vraisemblablement du seizième siècle, que l'on aperçoit des deux entrées principales, extérieure en venant du côté de la cour, intérieure en venant du côté de la basilique. Cet autel, lors des processions des chanoines dans le cloître, servait de station, et de nos jours encore il reçoit la même destination lorsque la rigueur des saisons ne permet pas aux processions de sortir de l'église et les circonscrit dans cette enceinte. Alors les marbres reflètent la lueur des torches ; l'écho des voûtes porte au ciel, en les répétant, les cantiques de Sion, et les pontifes, étincelans de pourpre et d'or, précédés du chœur des vierges cachées sous de longs voiles blancs, se montrent et disparaissent en longues files derrière les colonnes sveltes et légères du monument.

La galerie première, en partant de cet autel (côté du couchant du préau), de quatorze arcades en ogive, fait face à la porte intérieure qui de l'église introduit dans le cloître. Cette première galerie commence par les statues en pied de saint Trophime et d'un apôtre. Les sculptures sont du onzième siècle ; les pilastres, revêtus d'arabesques. Une longue inscription en caractères gothiques sur le piédestal est, à l'exception des mots *obiit anno* 1388, difficile à expliquer parce qu'elle se rapporte à un dignitaire peu connu, qui paraît être un doyen du chapitre, décédé à cette époque.

Les chapiteaux des colonnettes de cette galerie présentent successivement en relief : sur la première, les têtes des douze apôtres, un lion et un griffon symboliques, la Vierge et saint Joseph ; sur la deuxième, les tours de Jérusalem, l'ange Gabriel et la vierge Marie, c'est-à-dire le *mystère de l'annonciation ;* sur la troisième, au centre, la dernière cène de Jésus avec ses disciples, et, sur un des côtés, sainte Marthe muselant un animal monstrueux et chimérique, la *tarasque,* qui a donné son nom à une ville voisine, *Tarasçon,* et dont l'image sculptée dans le cloître d'Arles prouve la haute antiquité de ces histoires fantastiques, merveilleux du moyen âge.

Cette tarasque est une espèce de *tortue-dragon* que le jour de *Sainte-Marthe* une jeune fille mène à l'église enchaîné pour qu'il meure sous l'eau bénite. Quelques écrivains ont cru y voir un symbole de la violence du Rhône, fétiche de la contrée au moyen âge, comme le Nil est celui de l'Egypte.

Sur la quatrième, la fuite en Egypte de Marie et Joseph avec Jésus enfant; sur la cinquième, l'histoire de Samson, vainqueur du lion et lui-même vaincu par Dalila, qui, pendant son sommeil, rase ses cheveux; sur la sixième, lapidation de saint Étienne, premier martyr et patron de l'église.

La galerie côté du nord conduit de la porte intérieure de l'église à la porte des salles du chapitre; à l'angle, le pilier est soutenu par un père de l'église, en forme de cariatide et dont le nom n'est plus lisible. Le pilier a plusieurs panneaux, chaque panneau est composé de deux tableaux sculptés : sur la partie inférieure on a représenté les pélerins d'Emmaüs, leur table était décorée de colonnes en relief que le temps a effacées; sur la partie supérieure, les *Trois Maries* portent des vases de parfum au tombeau du Christ.

Un saint crossé est à l'angle; une inscription au bas indiquait son nom, elle n'est plus lisible; l'encadrement est formé par deux pilastres entourés de rinceaux.

L'autre panneau est également divisé en deux parties.

Le saint-sépulcre est au centre; dans la partie inférieure, les soldats préposés à sa garde sont endormis. Un ange est sculpté des deux côtés du saint-sépulcre, d'où s'élève dans une nuée la croix triomphante avec cette inscription : *Sepulcrum Dni.*

Sur le plan le plus élevé Jésus monte au ciel : l'*Ascension.*

Le rinceau ou enroulement de la frise est en feuilles d'acanthe et entoure les quatre galeries.

La statue de l'apôtre *saint Pierre*, symbolisé par les clefs, touche à ce pilier et commence la galerie du levant. Les chapiteaux des colonnettes ici encore sont sculptés : sur la première, la résurrection de Lazare, dont le nom *Lazare*, en français, se lit avec netteté; sur la deuxième, le sacrifice d'Abraham; sur la troisième, les Israélistes campés dans les plaines de Moab, bénis par Balaam des hauts lieux de Baal. La scène est caractérisée par l'ânesse de Balaam et par une tour avec cette inscription : *Israël.* Un pilier supporte immédiatement trois figures de saints, dont l'une est remarquable par les sandales et la besace, symboles des ordres mendians.

Sur la sixième est figurée l'apparition du Seigneur à Abraham dans la vallée de Mambré : Abraham porte sur ses épaules à Sara, dont le nom est lisiblement gravé, le *veau gras* destiné à ses hôtes. Sur la septième on distingue un homme tenant un livre ouvert sur lequel est écrit *Paulus*, entouré de vieillards qui l'écoutent; évidemment c'est la prédication de saint Paul dans l'aréopage d'Athènes. .

Trois statues entourent le troisième pilier : la première est l'apôtre saint Jacques, puisqu'elle porte sur un livre l'inscription *Jacobus;* la seconde est le Christ montrant ses plaies à l'apôtre Thomas, troisième figure de ce groupe.

Sur le chapiteau de la septième colonnette est en relief, mais en raccourci, un vaste tableau : c'est le peuple d'Israel et ses troupeaux, et, comme sujet principal, Moïse recevant du Seigneur les tables de la loi, avec cette inscription : *Tabula Moysi.*

Les sculptures des huitième et neuvième colonnes sont fantastiques et de pur ornement.

Le pilier le plus rapproché et qui forme angle présente, d'un côté, un apôtre debout dont une inscription indiquait le nom, mais elle est entièrement effacée; de l'autre côté, un saint présente un livre sur lequel est gravé le nom *Stephanus*. Dans les panneaux figurent d'un côté la lapidation de saint Etienne, martyr, de l'autre l'ascension de Jésus.

Le mur parallèle aux colonnes de cette galerie était découpé en arcades; il conduisait au réfectoire lorsque ce cloître servait de monastère.

Sous le rapport de l'architecture, les arcs-doubleaux de cette partie de l'édifice, ornés de culs-de-lampe et de feuilles d'acanthe, doivent fixer l'attention.

La galerie côté du nord est à plein cintre, mais surbaissé du côté du préau pour faciliter l'écoulement des eaux pluviales. Elle commence encore par la lapidation de saint Etienne, sujet qui reparaît plusieurs fois parce que ce martyr était le patron de l'église. Le martyr est entre deux pilastres ornés de rinceaux, et le nom *Stephanus* est lisible.

Dans les panneaux on a sculpté : sur le plan inférieur, *la lapidation*; sur le plan supérieur, *l'apothéose*, c'est-à-dire Jésus-Christ décernant à Etienne la palme du martyre. Dans la partie supérieure de cette galerie, entre les archivoltes et la corniche, les évangélistes sont symbolisés par des têtes de bœuf, de lion, etc.

Les sculptures des chapiteaux des colonnettes de cette galerie représentent en raccourci :

Le premier, les mystères de l'*Annonciation*, de la *Visitation de la Vierge*, de la *Naissance* du Christ et de la *Purification*; le second, trois aigles et un ange les ailes déployées.

Sur le troisième, l'ange annonce aux bergers la naissance du Christ.

Les sculptures qui entourent le deuxième pilier de cette galerie rappellent la *flagellation* de Jésus : un soldat est armé de l'instrument de la flagellation; Judas, sur le côté, porte dans une bourse le prix du sang du juste et de sa trahison; le Christ est attaché à la colonne; mais ce christ, ayant été séparé du groupe par accident, n'est plus à sa place : il est conservé au musée d'Arles; sans doute on le rétablira incessamment pour compléter ce tableau.

Sur les chapiteaux des colonnes qui l'avoisinent, on distingue :

Sur l'une, le roi Hérode, le massacre des innocens et Rachel pleurant ses enfans; sur l'autre, la fuite en Egypte, le sommeil des rois mages et l'avertissement du ciel de n'aller point retrouver Hérode; sur la troisième, l'arrivée chez Hérode des mages, leurs trois chevaux accolés, remarquables par des selles arabes à haut dossier, ornent un des côtés du chapiteau.

L'*agneau de saint Jean-Baptiste* surmonte le troisième pilier, dont les bas côtés sont occupés par deux statues : l'une est la *reine de Saba*, l'autre un *saint*; on reconnaît sur les pierres de ces deux statues des traces ou restes de peinture, usage du moyen âge.

L'adoration des rois mages, leur sommeil, l'avertissement du ciel, reparaissent de nouveau sur le chapiteau de la septième colonne.

Plusieurs sujets occupent celui de la huitième : 1° la fête des palmiers et l'entrée de Jésus à Jérusalem; 2° la conversion de saint Paul. Le sculpteur a choisi le moment où l'apôtre des Gentils est renversé de cheval.

Les apôtres réunis au cénacle et la descente de l'Esprit-Saint, le mystère de la Pentecôte, sont indiqués sur la neuvième.

La statue de *saint Mathias*, élu dans le cénacle en la place de Judas, suit immédiatement au quatrième pilier. L'inscription n'est plus lisible.

Les panneaux de ce pilier représentent trois sujets : 1° le lavement des pieds ; 2° la cène ; 3° le baiser de Judas.

A l'angle une statue supporte une coquille qui sert aujourd'hui de bénitier ; elle est adossée à un puits dont l'ouverture et les parois extérieures sont, comme au puits de la cour de l'archevêché, formés avec la base renversée et forée d'une colonne de marbre blanc, qu'on suppose avoir été enlevée du théâtre antique. Là, sans doute, était primitivement le baptistère auprès du préau du cloître, qui, à la même époque, servait de cimetière ; car au moyen âge le baptistère comme le cimetière étaient auprès de l'église, mais en dehors.

Dans le panneau, Jérusalem, le temple et la montagne sont en relief ; le sculpteur a voulu faire allusion aux tentations inutiles de Satan envers Jésus-Christ.

La statue du pharisien Gamaliel, en pied et de grandeur naturelle, sert de montant à ce panneau. Une inscription gothique sur le livre placé entre ses mains porte en caractères gothiques très prononcés : *Gamaliel* (*Act. Apost.* cap. v., 34).

Cette statue d'un docteur pharisien et cette autre statue qui supporte la coquille du baptistère ne seraient-elles point une allusion à la vocation des Juifs et des Gentils ? tout était symbole dans les sculptures de cette époque.

Une autre série de faits, un autre genre d'architecture, se développent dans la galerie du midi, construite en 1380 par l'archevêque *Conzié*, et qui se termine à gauche par un autel, à droite par le puits, également anciens ; ce puits devait fournir l'eau pour le baptistère, qui s'y trouve adossé. Au moyen âge les baptistères étaient auprès des cathédrales, mais en dehors : tels sont encore, dans l'Italie moderne, les baptistères de Pistoie et de Pise, ce dernier construit en 1153.

Cette galerie, dont la voûte est en ogive, offre cette particularité que les chapiteaux des colonnettes ne forment qu'un seul bloc, et qu'on y voit alternativement une colonne et un pilastre, puis une colonne et un pilier.

Les sujets des sculptures de cette galerie, au lieu d'être puisés dans la Bible, l'ont été dans l'histoire ecclésiastique et principalement dans celle des ordres religieux : chose naturelle, puisque ce cloître, comme celui de *Saint-Jean-de-Latran* à Rome, était dans l'origine le couvent des chanoines réguliers de *Saint-Augustin*. Première colonne, des religieux écoutant la prédication du Sauveur ; deuxième colonne, des religieux invoquant la protection de la Sainte Vierge.

Le second pilier est orné de niches vides surmontées d'un baldaquin gothique, indice que ces niches devaient contenir des statues qui ont disparu.

Troisième colonne, des confesseurs de la foi chargés de liens. — Chapiteaux fantastiques. Un pilastre. — Quatrième colonne, des martyrs enchaînés ; du côté du préau, des bourreaux armés de massues ; du côté opposé, un autel de la primitive église ; sur le troisième pilier, des martyrs en surplis et en dalmatique pendus ou déjà la corde au cou ; la main de Dieu est étendue vers eux.

Quatrième pilier, encore des martyrs enchaînés ; sur le derrière, des bourreaux armés des instrumens du supplice ; sur le devant, un évêque donnant la bénédiction. Trois niches, aujourd'hui privées de leurs statues, décorent également ce dernier pilier.

L'architecte a placé en saillie, du côté parallèle aux colonnettes, des chapiteaux décorés de figures symboliques qui paraissent désigner des pères de l'église mis en présence des martyrs. La voûte de cette galerie, également en ogive, porte, du côté opposé au préau, sur un mur plus ancien qui date évidemment de la même époque que la partie en plein cintre, c'est-à-dire du onzième siècle, tandis que la partie en ogive est du treizième.

Contre ce mur on remarque encore les vestiges d'une porte à plein cintre qui devait introduire dans l'intérieur du couvent; on suppose que le réfectoire était de ce côté. La salle capitulaire et d'autres appartemens servent, en 1835, aux écoles gratuites des dames de Saint-Charles ou sont loués comme greniers à blé; il en était ainsi avant la révolution de 1789 et depuis la sécularisation des chanoines en 1489.

Toute la partie de l'édifice destinée à leur habitation, lorsqu'ils étaient réguliers et cloîtrés, a éprouvé et a dû éprouver de notables changemens qui ne permettent plus de constater avec précision l'état primitif de ce couvent.

Les sculptures des chapiteaux des colonnettes se rapportent toujours à des sujets de la Bible, répétés même plusieurs fois.

Sur la première, lapidation de saint Etienne, sujet qui revient souvent; sur la deuxième, répétition de l'histoire de Samson : d'un côté il est représenté terrassant le lion, de l'autre Dalila lui coupe les cheveux; sur la troisième, de nouveau *sainte Marthe* et la *Tarasque* : un homme s'arme pour assommer cet animal fantastique, qui cette fois n'est plus le symbole du Rhône, mais vraisemblablement celui du paganisme vaincu par la foi chrétienne. Cette figure prouve que le symbolisme de l'église du moyen âge peut donner lieu à diverses interprétations.

A côté, la statue d'un saint; on voit sur son cothurne les traces de lettres gothiques impossibles à déchiffrer.

Quatrième colonne, la Madeleine chez le pharisien, versant un vase de parfum sur les pieds de Jésus; cinquième colonne, deux tours, un ange et sainte Barbe s'appuyant sur une tour percée d'une *trinité* de fenêtres; sixième colonne, Jésus couronne la Sainte Vierge, que deux anges adorent et encensent (*l'Assomption*); septième colonne, descente du Saint-Esprit sur les disciples réunis (allusion aux fêtes de la Pentecôte).

La quatrième et dernière galerie s'ouvre par l'assomption du Christ, figurée en relief dans l'entre-colonnement.

Un des personnages de ce tableau porte une inscription gravée qui n'est plus lisible.

Les chapiteaux des colonnettes de la quatrième et dernière galerie, en feuilles d'acanthe du côté du préau, présentent du côté de la galerie des sujets bibliques sculptés.

Sur la première colonne, Jésus dans le jardin des Olives, entouré de ses disciples, leur donnant le livre du Nouveau Testament, sur lequel est une inscription dont on ne peut lire que le premier mot, *tabula*. De simples feuilles d'acanthe sont sculptées sur les deuxième et troisième. Sur le chapiteau de la quatrième, la fille de Pharaon présente à son père Moïse, qu'elle a sauvé des eaux du Nil.

Les dégradations empêchent de distinguer les autres sujets.

Des figures de saints ornent les entre-colonnemens.

Mettre en relief dans les sculptures de ce cloître les histoires et les mystères des livres saints, telle a donc évidemment été la pensée des

artistes; mais la dégradation de certaines parties des sculptures ne permet pas de traduire tous les détails minutieux de leur œuvre; en outre, quelques figurines fantastiques et bizarres ne peuvent être expliquées que par le goût barbare de l'époque ou des sculpteurs, et n'ont aucun sens symbolique ou historique. Il en est de ces figurines comme des rinceaux et des feuilles d'acanthe employés simplement pour l'ornement.

Ce cloître s'harmonise avec l'architecture et les sculptures du beau portail de la même église. Les ornemens et les statues gothiques sont, il n'en faut pas douter, au moins en partie de la même époque que le portail. On retrouve dans le cloître, comme sur le portail, des légendes ou des noms inscrits sur la pierre, ce qui caractérise l'enfance ou la décadence de l'art.

L'art et le ciseau grecs ne peuvent avouer que les fûts de colonnettes en marbre blanc et les ornemens en feuilles d'acanthe d'une riche sculpture; tout le reste, même le rinceau ou enroulement de la frise, est du beau moyen âge: il n'est pas en France un artiste qui l'ait vu sans l'admirer. Il a exercé les pinceaux les plus habiles; M. Granet l'a reproduit dans un beau tableau, et M. Huart, professeur de dessin au collége d'Arles, son élève, en a peint des études exposées au salon de 1834 et qui ont mérité les éloges du maître. Si M. Granet lit cette notice, il y trouvera un reflet de nos causeries pendant ses instans de repos.

Un inspecteur des monumens antiques a proposé récemment de fermer ce cloître pour le conserver. Cette idée répugne à la population.

Pour prévenir la destruction du *Colysée* de Rome, le pape Clément x y fonda un calvaire: les stations de la croix ont protégé les ruines et empêché la destruction de ce premier des amphithéâtres. Un calvaire serait encore mieux placé dans le cloître de Saint-Trophime: une croix de bois au centre du préau et quatorze inscriptions de bronze ou de marbre dans les galeries suffiraient. Ces stations de la croix seraient spontanément surveillées par la piété, elles inspireraient le respect aux indifférens et préviendraient les dégâts. Le but de conservation serait atteint sans fermer le monument et sans en changer par là la destination et contrarier le sentiment religieux.

Le cloître est le vestibule de l'église; il prépare aux pensées de recueillement. Pour en conserver les sculptures, il suffit d'établir un gardien: fermer le cloître, en interdire l'accès aux fidèles, serait en détruire l'utilité et l'effet moral. Dans l'isolement de ces vastes galeries, sur ce préau qui renferme les ossemens blanchis d'anciens ministres du Très-Haut, en lisant ces inscriptions funéraires vieilles de plusieurs siècles, en présence de ces prélats de marbre vénérables dans leur immobilité, le corps s'humilie, l'esprit s'élève à Dieu et les vanités de la vie se taisent: les douleurs se calment en face du dogme consolateur de l'immortalité de l'ame.

LE PORTAIL ET LES SUBSTRUCTIONS.

La date de la construction du grand portail de marbre de l'église de Saint-Trophime n'est chiffrée sur aucune pierre du monument; mais on s'accorde à la placer vers le milieu du 12e siècle, ou, au plus tard, au commencement du 13e.

Le chanoine Gilles Duport se borne à dire, page 303, qu'il y a lieu de croire *que ce portail n'a point été bâti par saint Virgile en 601, à cause qu'il n'a pas de rapport avec cet ancien bâtiment, et qu'il n'a été fait que long-temps après.*

Millin en retarde la construction jusqu'au 13e siècle.

M. Eméric David la place vers le milieu du 12e, dans un écrit inséré dans les mémoires de l'académie des Inscriptions et Belles-Lettres.

« Parvenue, dit-il, au 12e siècle de notre ère, la sculpture n'offrait « plus qu'une pure routine, mais étonnante dans ces vieux temps. Le « portail de l'église de Saint-Trophime, terminé en 1252, dernier soupir « du ciseau grec, reporte l'imagination vers les plus belles époques de « l'art; on y retrouve encore, dans les têtes, de la vérité, de la dignité, « de l'énergie, et quelquefois sur les bas-reliefs d'heureuses réminiscences « des compositions antiques. »

M. Jacquemin, dans la *Statistique de la ville d'Arles*, ouvrage riche de savoir et élégant de style (1), page 341, conjecture que ce portail, commencé en 1221 par Hugues Béroard, archevêque d'Arles, fut terminé par Jean Baussan, son successeur. Cette conjecture, que j'adopte et qui ne s'écarte pas trop d'ailleurs du sentiment de MM. Eméric David et Millin, est justifiée par la forme des insignes épiscopaux de la *statue de saint Trophime*, qui porte la mître et le pallium tels qu'ils furent modifiés en 1233, sous Jean Baussan.

Quant aux deux petites portes carrées de pierre de chaque côté du grand portail de marbre, l'époque précise de leur construction est connue: le chanoine Gilles Duport imprimait, en 1690, qu'elles venaient d'être construites depuis peu (page 304). La tribune au dessus de l'entrée principale et les degrés pour y monter sont de la même époque.

Le portail offre dans ses sculptures un vaste tableau: la *représentation symbolique* non-seulement du *jugement général et dernier,* mais encore des traits historiques les plus remarquables de l'Ancien et du Nouveau Testament, c'est-à-dire l'histoire complète du genre humain et de la religion, *depuis la création d'Adam et d'Eve jusqu'au jugement dernier : le commencement et la fin.*

M. Eméric David a retrouvé dans ce portail les dernières réminiscences de la sculpture grecque. Tous les costumes sont romains. Il renferme, il faut en convenir, un mélange étrange de sujets religieux et grotesques; mais tel est le type de la sculpture du moyen âge, expression, suivant M. Laurentie, de superstitions que l'artiste a prises pour de la poésie, ou plutôt, comme l'écrivait de Rome même, en février 1835, M. Robert, *insurrection contre le classique et ses lois, indépendance totale des arts proclamée par le génie chrétien.*

Les deux ventaux de la porte principale viennent se fermer sur une colonne antique de granit; sur le piédestal de la colonne, allongée d'un morceau de marbre blanc, quatre hommes sont agenouillés, symbole du triomphe de la foi sur les nations barbares.

---

(1) Volume in-8°, de l'imprimerie de Garcin, à Arles.

Dans les entre-colonnemens on a sculpté en relief, mais dans de petites proportions, les principales histoires de l'Ancien Testament, telles que Samson sur les genoux de Dalila, un Philistin lui coupe les cheveux, etc.; pour le Nouveau Testament, on trouve celles qui se rapportent à la Sainte Vierge, à l'enfant Jésus, à l'adoration des mages, à saint Joseph, à la fuite en Egypte, etc., etc. Chacune de ces histoires forme un petit carré en relief. L'art est à sa naissance comme dans les reliefs analogues du cloître.

On remarque parmi ces sculptures une ame que deux anges élèvent et présentent à l'Eternel; c'est celle de saint Etienne, premier martyr, à qui cette église fut d'abord consacrée, et dont l'entière légende est rappelée par d'autres sculptures; là deux hommes sont prêts à le lapider, ici le martyr semble monter au ciel.

Les côtés intérieurs et les grands entre-colonnemens sur le premier plan sont décorés de statues en pied qui portent les marques distinctives des apôtres et leurs noms gravés perpendiculairement.

Une figure d'évêque portant la crosse, accompagné de deux assistans et de deux anges soutenant la mître, représente saint Trophime, premier évêque; on lit sur son pallium ce distique gravé perpendiculairement:

Cernitur eximius vir, Christi discipulorum
De numero Trophimus, hic septuaginta-duorum.

A la droite du portail, le plus près de la porte, est saint Pierre tenant un livre fermé, sur la couverture duquel est gravé ce vers :

Criminibus demptis, reserat Petrus astra redemptis.

Après vient saint Jean l'évangéliste, tenant aussi un livre fermé sur la couverture duquel on lit ces caractères gothiques :

XPI *Dilectus Joës est ibi sectus.*

C'est après saint Jean et en contournant qu'on voit saint Trophime, revêtu de ses habits pontificaux, avec le pallium à l'antique, sur le pendant duquel est gravé le distique *cernitur*, etc., ci-dessus imprimé. Après est placé saint Jacques, tenant un livre fermé sur lequel on lit : *Scs Jacobus.* Vient ensuite saint Barthélemi, portant un livre ouvert, et sur les deux feuillets qui se présentent on lit: *Scs Bartolomæus.*

A la gauche du portail et le plus près de la porte est saint Paul, avec un rouleau déployé qui descend de son épaule gauche jusques au dessous de sa poitrine; sur ce rouleau est gravé ce distique :

Lex Moysi celat quod Pauli sermo revelat,
Nam data grana sina per eum sunt facta farina.

Saint André vient ensuite; il tient un livre fermé sur lequel est gravé un vers qu'il n'a jamais été possible de lire. Sur le bas sont représentés cinq pains, allusion au chapitre VI, ℣. 9., de l'Évangile de saint Jean.

Après saint André et en contournant est représenté le martyre de saint Etienne; il a sur l'épaule gauche une espèce d'étole sur laquelle on lit ces quelques lettres : *pro-xpo-ste-phs;* le reste ne peut se lire, mais cette inscription désigne évidemment *Etienne protomartyr.* Après saint Etienne est saint Jacques, tenant un livre ouvert sur lequel on lit : *Scs-Jacobus.* Enfin, en suite de saint Jacques vient saint Philippe; sur la couverture de son livre on lit : *Scs Philippus.*

Les sculptures les plus élevées du fronton de la corniche se rapportent au jugement général et dernier. Au dessus du tympan, des anges sonnent de la trompette pour appeler les nations autour du trône de l'Eternel. Dans le tympan, Jésus-Christ est au centre d'un médaillon, emblème de l'univers; sa tête porte une couronne, insigne de souveraineté; une croix, symbole de son sacrifice et de son triomphe, surmonte la couronne; il lève la main pour rendre ses irrévocables arrêts. Autour de lui, un lion, un bœuf, un aigle et un ange, symboles des évangélistes, présentent les livres sacrés de la foi.

L'arcade est circulaire, elle est formée de plusieurs bandes; sur la plus élevée, des anges groupés prient le Seigneur et chantent ses louanges. Des scènes du jugement dernier sont sculptées en relief sur la frise. Au milieu, les douze apôtres assis tiennent chacun à la main le livre des Évangiles, symbole de l'apostolat. A gauche sont des ames, les unes prêtes à entrer en paradis, les autres allant paraître devant Dieu. A droite, des hommes nus et enchaînés par un même lien dont un démon tient l'extrémité sont traînés à l'Enfer, leurs pieds touchent déjà les flammes. Au retour, un groupe de damnés se tord au milieu du feu; au retour opposé, Adam et Eve rappellent le péché originel et la mort.

Des méandres et des vagues sont sculptés sous la frise : est-ce un symbole des démons ou des péchés capitaux? ou plutôt ces emblèmes et ces animaux fantastiques, d'un masque maussadement gai, sont-ils la représentation des schismes et des hérésies que terrassèrent les pères de l'église? faut-il enfin n'y voir que de simples ornemens?

Il paraît généralement admis aujourd'hui par les maîtres de l'art, et notamment par M. S. Hittorf, que ces ornemens, d'origine orientale et introduits dans l'occident de l'Europe par les Arabes, ne figuraient en général que pour le plaisir des yeux; c'est ainsi qu'on admire encore autour des portails et des gouttières des cathédrales du moyen âge une multitude de monstres grotesques sculptés avec autant d'adresse que de bizarrerie. M. L. Vitet, inspecteur-général des monumens historiques de France, en a fait la remarque dans l'histoire de nos anciennes villes et l'a appliquée à la cathédrale de Dieppe; peut-être ne faut-il pas chercher d'autre explication aux monstres sculptés sur les portes inférieures du portail de Saint-Trophime.

L'entrée des substructions de l'église de Saint-Trophime est dans l'intérieur des nefs, mais cachée par une dalle du pavé, vers l'entrée principale dont on vient de lire la description, entre le mausolée de l'archevêque Jean Ferrier et le tombeau gothique qui sert de cuve baptismale.

La configuration du sol sur lequel est bâtie cette basilique fournit, ce semble, l'explication la plus vraisemblable de ces substructions. Celles-ci, d'ailleurs, présentent des vestiges, informes, il est vrai, de quelque édifice romain qui ne subsiste plus et dont la destination primitive est même incertaine, peut-être les ruines des Thermes ou du palais du prétoire.

L'édifice entier de Saint-Trophime est bâti sur un rocher élevé dont la déclivité va de l'est à l'ouest et qui se dessine avec roideur aux deux côtés de l'édifice : d'une part, dans la rue *de la Calade*, et, d'autre part, dans celle des *Prêtres*, parallèle à la première.

L'avenue du monument, côté de la place de l'Obélisque, est dans le pli de terrain le plus bas, tandis que le sanctuaire, le clocher et le cloître ont leurs fondations sur la partie la plus culminante. L'architecte n'ayant pu dissimuler ces inégalités du sol a voulu, du moins, y remédier par des marches ou degrés en marbre et en pierre, ainsi que par des substructions destinées à supporter le pavé des nefs et à le niveler.

On ne parvenait jadis à la principale entrée que par de larges marches de marbre blanc, remplacées de nos jours par huit degrés de pierre commune. Dans l'intérieur même, il faut monter quatre marches pour, des nefs, parvenir au sanctuaire et au chœur; on en monte vingt-cinq pour atteindre le cloître, le préau, l'ancien couvent des chanoines et toutes leurs dépendances. Il faut aussi parcourir neuf marches si l'on veut sortir par la porte latérale qui ouvre une autre issue sur la rue de la Calade, du côté opposé au cloître.

Les substructions de l'église de Saint-Trophime sont de nos jours difficiles à explorer, parce qu'elles sont encombrées de terres et de matériaux dont l'extraction exigerait une dépense que le conseil municipal n'a pas encore jugé convenable de voter; la proposition en a été faite en 1835. Dans notre conviction, ces substructions n'ont jamais été une crypte ou des catacombes des âges primitifs du christianisme.

Les cryptes et les catacombes où s'assemblaient les premiers chrétiens sur les tombeaux de leurs frères martyrs, et qui rappellent les hypogées et les villes des morts des peuples de l'antiquité, ne furent construites que lorsque l'église naissante était persécutée, dans les trois premiers siècles ; elles ne furent plus nécessaires dès que la croix s'éleva triomphante sur le trône des Césars (règne de Constantin, dans le quatrième siècle). Or, la date la plus éloignée que l'on fixe aux constructions primitives de l'église de Saint-Trophime étant le septième siècle sous l'épiscopat de saint Virgile, et le christianisme étant alors devenu la religion de l'empire, il n'était plus nécessaire de creuser des cryptes et des catacombes pour y cacher les cérémonies du culte chrétien.

Les substructions de Saint-Trophime ne présentent, d'ailleurs, aucun des caractères connus des catacombes du Vatican, de la *villa Pamfili*, de *San-Lorenzo* et de Saint-Sébastien à Rome. Ces substructions me paraissent n'avoir été employées par l'architecte que pour niveler le terrain; aussi n'occupent-elles pas l'entière longueur du vaisseau, mais seulement une partie, depuis l'entrée principale de l'église jusqu'au point où elles atteignent le rocher qui sert de base au corps de l'édifice; rocher dans lequel on a creusé pour les archevêques, pour les dignitaires du chapitre et pour les chanoines, des tombeaux à l'abri de l'eau et de l'air, et qui, par ce motif, conservent intacts les dépôts qui leur ont été confiés.

Les substructions ne dépassent pas la moitié de la longueur de l'édifice et se terminent vers le milieu, c'est-à-dire un peu au dessus du pilier auquel la chaire est adossée.

Telle est la cathédrale d'Arles, l'une des plus anciennes des Gaules et, sous plusieurs rapports, un des plus beaux monumens du moyen âge.

FIN.

www.ingramcontent.com/pod-product-compliance
Ingram Content Group UK Ltd.
Pitfield, Milton Keynes, MK11 3LW, UK
UKHW022209190726
13855UKWH00004B/1686